KB267265

감사는
하나님의 은혜를
인식함으로 시작된다.

K.스트라잇

하나님께 드리는 최고의 경외 **감사노트**

초판 1쇄 인쇄 2020년 02월 15일
초판 1쇄 발행 2020년 02월 20일

지은이 Team-sebi
펴낸이 백도연
펴낸곳 도서출판 세움과비움

신고번호 제2012-000230호
주 소 서울 마포구 양화로16길 2층
Tel. 070-8862-5683
Fax. 02-6442-0423
seumbium@naver.com

ISBN 978-89-98090-30-2

값 4,900원

하나님께 드리는

Team-sebi
캘리그라퍼 글사나이

SEUMBIUM. Pub

감사의 이유를 찾아본다면

부족한 사람을 구원하심을 감사,

죽어 마땅한 사람을 구원해 주셔서 감사,

연약한 사람을 보호하셔서 감사,

온전하게 삶을 살 수 있도록 건강 주심을 감사,

아픔의 시간을 보냈지만 아직도 주님을 바라보게 하심을 감사

내가 감사를 드리지 못하는 이유가 있다면?

check - list

물질적 부요함	(신6 : 10~12)
많은 욕심	(삼상25: 4~11)
교만함	(신8:12~18)
하나님의 은혜를 잊음	(느 9:26)
미련함	(롬 1:21)
자족함이 없음	(딤전 6:6)
세상에 대한 근심과 염려	(전 1:13)

JAN FEB MAR APR MAY JUN JUL AUG SEP OCT NOV DEC

1 2 3 4 5 6 7 8 9 10 11 12 13 14 15
16 17 18 19 20 21 22 23 24 25 26 27 29 30 31

— Today's thanks —

오늘 감사한 일들과 내용을 기록해 보세요.

— Motive of Thanks —

하나님께 감사를 드리게 되는 계기, 이유를 기록해 놓으세요

— Matching of Bible verse —

감사의 모티브에 관계되는 성경을 기록해 놓는다면 하나님께 감사를 바로 드릴 수 있어요

JAN   FEB   MAR   APR   MAY   JUN   JUL   AUG   SEP   OCT   NOV   DEC ✓

1 2 3 4 5 6 7 8 9 10 11 12 13 14 ⑮
16 17 18 19 20 21 22 23 24 25 26 27 29 30 31

— Today's thanks —

☑ 오늘도 내가 맡은 일들이 부족함 없게 하셔서 감사.

☑ 좋은 친구들과의 만남으로 행복한 시간 주셔서 감사

☑ 오늘도 하루의 마무리를 기도로 하게하심을 감사

☐

☐

☐

☐

☐

☐

☐

☐

☐

— Motive of Thanks —

회사에서 있었던 신규개발 프로젝트를 무사히 성공적으로 런칭해서

— Matching of Bible verse —

시편 37:4 또 여호와를 기뻐하라. 그가 네 마음의 소원을 이루어주시리로다

○ JAN   ○ FEB   ○ MAR   ○ APR   ○ MAY   ○ JUN   ○ JUL   ○ AUG   ○ SEP   ○ OCT   ○ NOV   ○ DEC

1 2 3 4 5 6 7 8 9 10 11 12 13 14 15
16 17 18 19 20 21 22 23 24 25 26 27 29 30 31

— Today's thanks —

☐

☐

☐

☐

☐

☐

☐

☐

☐

☐

☐

— Motive of Thanks —

— Matching of Bible verse —

○ JAN　○ FEB　○ MAR　○ APR　○ MAY　○ JUN　○ JUL　○ AUG　○ SEP　○ OCT　○ NOV　○ DEC

1　2　3　4　5　6　7　8　9　10　11　12　13　14　15
16　17　18　19　20　21　22　23　24　25　26　27　29　30　31

— Today's thanks

☐

☐

☐

☐

☐

☐

☐

☐

☐

☐

☐

☐

— Motive of Thanks

— Matching of Bible verse

O JAN O FEB O MAR O APR O MAY O JUN O JUL O AUG O SEP O OCT O NOV O DEC

1 2 3 4 5 6 7 8 9 10 11 12 13 14 15
16 17 18 19 20 21 22 23 24 25 26 27 29 30 31

— Today's thanks

☐

☐

☐

☐

☐

☐

☐

☐

☐

☐

☐

☐

— Motive of Thanks

— Matching of Bible verse

○ JAN   ○ FEB   ○ MAR   ○ APR   ○ MAY   ○ JUN   ○ JUL   ○ AUG   ○ SEP   ○ OCT   ○ NOV   ○ DEC

1 2 3 4 5 6 7 8 9 10 11 12 13 14 15
16 17 18 19 20 21 22 23 24 25 26 27 29 30 31

— Today's thanks

☐
☐
☐
☐
☐
☐
☐
☐
☐
☐
☐
☐

— Motive of Thanks

— Matching of Bible verse

JAN   FEB   MAR   APR   MAY   JUN   JUL   AUG   SEP   OCT   NOV   DEC

1 2 3 4 5 6 7 8 9 10 11 12 13 14 15
16 17 18 19 20 21 22 23 24 25 26 27 29 30 31

— Today's thanks

☐

☐

☐

☐

☐

☐

☐

☐

☐

☐

☐

☐

— Motive of Thanks

— Matching of Bible verse

○ ○ ○ ○ ○ ○ ○ ○ ○ ○ ○ ○
JAN   FEB   MAR   APR   MAY   JUN   JUL   AUG   SEP   OCT   NOV   DEC

1 2 3 4 5 6 7 8 9 10 11 12 13 14 15
16 17 18 19 20 21 22 23 24 25 26 27 29 30 31

— Today's thanks

☐

☐

☐

☐

☐

☐

☐

☐

☐

☐

☐

☐

— Motive of Thanks

— Matching of Bible verse

O JAN   O FEB   O MAR   O APR   O MAY   O JUN   O JUL   O AUG   O SEP   O OCT   O NOV   O DEC

1 2 3 4 5 6 7 8 9 10 11 12 13 14 15
16 17 18 19 20 21 22 23 24 25 26 27 29 30 31

— Today's thanks ———————————————————————————

☐

☐

☐

☐

☐

☐

☐

☐

☐

☐

☐

☐

— Motive of Thanks ———————————————————————————

— Matching of Bible verse ———————————————————————

O JAN O FEB O MAR O APR O MAY O JUN O JUL O AUG O SEP O OCT O NOV O DEC

1 2 3 4 5 6 7 8 9 10 11 12 13 14 15
16 17 18 19 20 21 22 23 24 25 26 27 29 30 31

— Today's thanks

☐

☐

☐

☐

☐

☐

☐

☐

☐

☐

☐

☐

— Motive of Thanks

— Matching of Bible verse

— Today's thanks

☐

☐

☐

☐

☐

☐

☐

☐

☐

☐

☐

☐

— Motive of Thanks

— Matching of Bible verse

○ JAN　○ FEB　○ MAR　○ APR　○ MAY　○ JUN　○ JUL　○ AUG　○ SEP　○ OCT　○ NOV　○ DEC

1 2 3 4 5 6 7 8 9 10 11 12 13 14 15
16 17 18 19 20 21 22 23 24 25 26 27 29 30 31

— Today's thanks

☐

☐

☐

☐

☐

☐

☐

☐

☐

☐

☐

☐

— Motive of Thanks

— Matching of Bible verse

JAN   FEB   MAR   APR   MAY   JUN   JUL   AUG   SEP   OCT   NOV   DEC

1 2 3 4 5 6 7 8 9 10 11 12 13 14 15
16 17 18 19 20 21 22 23 24 25 26 27 29 30 31

— Today's thanks —

☐

☐

☐

☐

☐

☐

☐

☐

☐

☐

☐

☐

— Motive of Thanks —

— Matching of Bible verse —

○ JAN ○ FEB ○ MAR ○ APR ○ MAY ○ JUN ○ JUL ○ AUG ○ SEP ○ OCT ○ NOV ○ DEC

1 2 3 4 5 6 7 8 9 10 11 12 13 14 15
16 17 18 19 20 21 22 23 24 25 26 27 29 30 31

— Today's thanks

☐

☐

☐

☐

☐

☐

☐

☐

☐

☐

☐

☐

— Motive of Thanks

— Matching of Bible verse

○ JAN ○ FEB ○ MAR ○ APR ○ MAY ○ JUN ○ JUL ○ AUG ○ SEP ○ OCT ○ NOV ○ DEC

1 2 3 4 5 6 7 8 9 10 11 12 13 14 15
16 17 18 19 20 21 22 23 24 25 26 27 29 30 31

— Today's thanks ——————————————————————————————

☐

☐

☐

☐

☐

☐

☐

☐

☐

☐

☐

☐

— Motive of Thanks ——————————————————————————————

— Matching of Bible verse ——————————————————————————

— Today's thanks

- [ ]
- [ ]
- [ ]
- [ ]
- [ ]
- [ ]
- [ ]
- [ ]
- [ ]
- [ ]
- [ ]
- [ ]

— Motive of Thanks

— Matching of Bible verse

○ JAN ○ FEB ○ MAR ○ APR ○ MAY ○ JUN ○ JUL ○ AUG ○ SEP ○ OCT ○ NOV ○ DEC

1 2 3 4 5 6 7 8 9 10 11 12 13 14 15
16 17 18 19 20 21 22 23 24 25 26 27 29 30 31

— Today's thanks ————————————————————————————————

☐

☐

☐

☐

☐

☐

☐

☐

☐

☐

☐

☐

— Motive of Thanks ————————————————————————————————

— Matching of Bible verse ————————————————————————————————

○ JAN   ○ FEB   ○ MAR   ○ APR   ○ MAY   ○ JUN   ○ JUL   ○ AUG   ○ SEP   ○ OCT   ○ NOV   ○ DEC

1 2 3 4 5 6 7 8 9 10 11 12 13 14 15
16 17 18 19 20 21 22 23 24 25 26 27 29 30 31

— Today's thanks —

☐

☐

☐

☐

☐

☐

☐

☐

☐

☐

☐

☐

— Motive of Thanks —

— Matching of Bible verse —

JAN FEB MAR APR MAY JUN JUL AUG SEP OCT NOV DEC

1 2 3 4 5 6 7 8 9 10 11 12 13 14 15
16 17 18 19 20 21 22 23 24 25 26 27 29 30 31

— Today's thanks —

☐

☐

☐

☐

☐

☐

☐

☐

☐

☐

☐

☐

— Motive of Thanks —

— Matching of Bible verse —

— Today's thanks —

☐

☐

☐

☐

☐

☐

☐

☐

☐

☐

☐

☐

— Motive of Thanks —

— Matching of Bible verse —

○ ○ ○ ○ ○ ○ ○ ○ ○ ○ ○ ○
JAN   FEB   MAR   APR   MAY   JUN   JUL   AUG   SEP   OCT   NOV   DEC

1   2   3   4   5   6   7   8   9   10   11   12   13   14   15
16   17   18   19   20   21   22   23   24   25   26   27   29   30   31

— Today's thanks ——————————————————————————

☐

☐

☐

☐

☐

☐

☐

☐

☐

☐

☐

☐

— Motive of Thanks ——————————————————————————

— Matching of Bible verse ——————————————————————

○ JAN　○ FEB　○ MAR　○ APR　○ MAY　○ JUN　○ JUL　○ AUG　○ SEP　○ OCT　○ NOV　○ DEC

1 2 3 4 5 6 7 8 9 10 11 12 13 14 15
16 17 18 19 20 21 22 23 24 25 26 27 29 30 31

— Today's thanks —————————————————————————————

☐

☐

☐

☐

☐

☐

☐

☐

☐

☐

☐

☐

— Motive of Thanks —————————————————————————————

— Matching of Bible verse —————————————————————————————

— Today's thanks —

☐

☐

☐

☐

☐

☐

☐

☐

☐

☐

☐

☐

— Motive of Thanks —

— Matching of Bible verse —

— Today's thanks ————————————————————————————

☐

☐

☐

☐

☐

☐

☐

☐

☐

☐

☐

☐

— Motive of Thanks ————————————————————————————

— Matching of Bible verse ————————————————————————

○ JAN   ○ FEB   ○ MAR   ○ APR   ○ MAY   ○ JUN   ○ JUL   ○ AUG   ○ SEP   ○ OCT   ○ NOV   ○ DEC

1   2   3   4   5   6   7   8   9   10   11   12   13   14   15

16   17   18   19   20   21   22   23   24   25   26   27   29   30   31

— Today's thanks —————————————————

☐

☐

☐

☐

☐

☐

☐

☐

☐

☐

☐

☐

— Motive of Thanks —————————————————

— Matching of Bible verse —————————————————

○ ○ ○ ○ ○ ○ ○ ○ ○ ○ ○ ○
JAN   FEB   MAR   APR   MAY   JUN   JUL   AUG   SEP   OCT   NOV   DEC

1 2 3 4 5 6 7 8 9 10 11 12 13 14 15
16 17 18 19 20 21 22 23 24 25 26 27 29 30 31

— Today's thanks

☐

☐

☐

☐

☐

☐

☐

☐

☐

☐

☐

☐

— Motive of Thanks

— Matching of Bible verse

— Today's thanks ——————————————————————————————

☐

☐

☐

☐

☐

☐

☐

☐

☐

☐

☐

☐

— Motive of Thanks ——————————————————————————————

— Matching of Bible verse ——————————————————————————————

JAN FEB MAR APR MAY JUN JUL AUG SEP OCT NOV DEC

1 2 3 4 5 6 7 8 9 10 11 12 13 14 15
16 17 18 19 20 21 22 23 24 25 26 27 29 30 31

— Today's thanks

☐

☐

☐

☐

☐

☐

☐

☐

☐

☐

☐

☐

— Motive of Thanks

— Matching of Bible verse

JAN   FEB   MAR   APR   MAY   JUN   JUL   AUG   SEP   OCT   NOV   DEC

1 2 3 4 5 6 7 8 9 10 11 12 13 14 15
16 17 18 19 20 21 22 23 24 25 26 27 29 30 31

— Today's thanks

☐

☐

☐

☐

☐

☐

☐

☐

☐

☐

☐

☐

— Motive of Thanks

— Matching of Bible verse

○ JAN ○ FEB ○ MAR ○ APR ○ MAY ○ JUN ○ JUL ○ AUG ○ SEP ○ OCT ○ NOV ○ DEC

1 2 3 4 5 6 7 8 9 10 11 12 13 14 15
16 17 18 19 20 21 22 23 24 25 26 27 29 30 31

— Today's thanks —

☐

☐

☐

☐

☐

☐

☐

☐

☐

☐

☐

☐

— Motive of Thanks —

— Matching of Bible verse —

1 2 3 4 5 6 7 8 9 10 11 12 13 14 15
16 17 18 19 20 21 22 23 24 25 26 27 29 30 31

— Today's thanks —

☐

☐

☐

☐

☐

☐

☐

☐

☐

☐

☐

☐

— Motive of Thanks —

— Matching of Bible verse —

○ JAN ○ FEB ○ MAR ○ APR ○ MAY ○ JUN ○ JUL ○ AUG ○ SEP ○ OCT ○ NOV ○ DEC

1 2 3 4 5 6 7 8 9 10 11 12 13 14 15
16 17 18 19 20 21 22 23 24 25 26 27 29 30 31

— Today's thanks

☐
☐
☐
☐
☐
☐
☐
☐
☐
☐
☐
☐

— Motive of Thanks

— Matching of Bible verse

○ JAN ○ FEB ○ MAR ○ APR ○ MAY ○ JUN ○ JUL ○ AUG ○ SEP ○ OCT ○ NOV ○ DEC

1 2 3 4 5 6 7 8 9 10 11 12 13 14 15
16 17 18 19 20 21 22 23 24 25 26 27 29 30 31

— Today's thanks

☐

☐

☐

☐

☐

☐

☐

☐

☐

☐

☐

☐

— Motive of Thanks

— Matching of Bible verse

O JAN O FEB O MAR O APR O MAY O JUN O JUL O AUG O SEP O OCT O NOV O DEC

1 2 3 4 5 6 7 8 9 10 11 12 13 14 15
16 17 18 19 20 21 22 23 24 25 26 27 29 30 31

— Today's thanks —

☐

☐

☐

☐

☐

☐

☐

☐

☐

☐

☐

☐

— Motive of Thanks —

— Matching of Bible verse —

○ JAN   ○ FEB   ○ MAR   ○ APR   ○ MAY   ○ JUN   ○ JUL   ○ AUG   ○ SEP   ○ OCT   ○ NOV   ○ DEC

1 2 3 4 5 6 7 8 9 10 11 12 13 14 15
16 17 18 19 20 21 22 23 24 25 26 27 29 30 31

— Today's thanks —

☐

☐

☐

☐

☐

☐

☐

☐

☐

☐

☐

☐

— Motive of Thanks —

— Matching of Bible verse —

○ JAN ○ FEB ○ MAR ○ APR ○ MAY ○ JUN ○ JUL ○ AUG ○ SEP ○ OCT ○ NOV ○ DEC

1 2 3 4 5 6 7 8 9 10 11 12 13 14 15
16 17 18 19 20 21 22 23 24 25 26 27 29 30 31

— Today's thanks

☐

☐

☐

☐

☐

☐

☐

☐

☐

☐

☐

☐

— Motive of Thanks

— Matching of Bible verse

○ JAN ○ FEB ○ MAR ○ APR ○ MAY ○ JUN ○ JUL ○ AUG ○ SEP ○ OCT ○ NOV ○ DEC

1 2 3 4 5 6 7 8 9 10 11 12 13 14 15
16 17 18 19 20 21 22 23 24 25 26 27 29 30 31

— Today's thanks

☐

☐

☐

☐

☐

☐

☐

☐

☐

☐

☐

☐

— Motive of Thanks

— Matching of Bible verse

— Today's thanks —

- ☐
- ☐
- ☐
- ☐
- ☐
- ☐
- ☐
- ☐
- ☐
- ☐
- ☐

— Motive of Thanks —

— Matching of Bible verse —

— Today's thanks

- ☐
- ☐
- ☐
- ☐
- ☐
- ☐
- ☐
- ☐
- ☐
- ☐
- ☐
- ☐

— Motive of Thanks

— Matching of Bible verse

O JAN O FEB O MAR O APR O MAY O JUN O JUL O AUG O SEP O OCT O NOV O DEC

1 2 3 4 5 6 7 8 9 10 11 12 13 14 15
16 17 18 19 20 21 22 23 24 25 26 27 29 30 31

— Today's thanks —

☐

☐

☐

☐

☐

☐

☐

☐

☐

☐

☐

☐

— Motive of Thanks —

— Matching of Bible verse —

— Today's thanks

☐

☐

☐

☐

☐

☐

☐

☐

☐

☐

☐

☐

— Motive of Thanks

— Matching of Bible verse

○ JAN ○ FEB ○ MAR ○ APR ○ MAY ○ JUN ○ JUL ○ AUG ○ SEP ○ OCT ○ NOV ○ DEC

1 2 3 4 5 6 7 8 9 10 11 12 13 14 15
16 17 18 19 20 21 22 23 24 25 26 27 29 30 31

— Today's thanks ——————————————————————————————————

☐

☐

☐

☐

☐

☐

☐

☐

☐

☐

☐

☐

— Motive of Thanks ——————————————————————————————————

— Matching of Bible verse ——————————————————————————————————

○ JAN ○ FEB ○ MAR ○ APR ○ MAY ○ JUN ○ JUL ○ AUG ○ SEP ○ OCT ○ NOV ○ DEC

1 2 3 4 5 6 7 8 9 10 11 12 13 14 15
16 17 18 19 20 21 22 23 24 25 26 27 29 30 31

— Today's thanks —

☐

☐

☐

☐

☐

☐

☐

☐

☐

☐

☐

☐

— Motive of Thanks —

— Matching of Bible verse —

O JAN O FEB O MAR O APR O MAY O JUN O JUL O AUG O SEP O OCT O NOV O DEC

1 2 3 4 5 6 7 8 9 10 11 12 13 14 15
16 17 18 19 20 21 22 23 24 25 26 27 29 30 31

— Today's thanks

☐

☐

☐

☐

☐

☐

☐

☐

☐

☐

☐

☐

— Motive of Thanks

— Matching of Bible verse

— Today's thanks —

- ☐
- ☐
- ☐
- ☐
- ☐
- ☐
- ☐
- ☐
- ☐
- ☐
- ☐
- ☐

— Motive of Thanks —

— Matching of Bible verse —

○ JAN ○ FEB ○ MAR ○ APR ○ MAY ○ JUN ○ JUL ○ AUG ○ SEP ○ OCT ○ NOV ○ DEC

1 2 3 4 5 6 7 8 9 10 11 12 13 14 15
16 17 18 19 20 21 22 23 24 25 26 27 29 30 31

— Today's thanks —

☐

☐

☐

☐

☐

☐

☐

☐

☐

☐

☐

☐

— Motive of Thanks —

— Matching of Bible verse —

○	○	○	○	○	○	○	○	○	○	○	○
JAN	FEB	MAR	APR	MAY	JUN	JUL	AUG	SEP	OCT	NOV	DEC

1 2 3 4 5 6 7 8 9 10 11 12 13 14 15
16 17 18 19 20 21 22 23 24 25 26 27 29 30 31

— Today's thanks

☐

☐

☐

☐

☐

☐

☐

☐

☐

☐

☐

☐

— Motive of Thanks

— Matching of Bible verse

○ JAN   ○ FEB   ○ MAR   ○ APR   ○ MAY   ○ JUN   ○ JUL   ○ AUG   ○ SEP   ○ OCT   ○ NOV   ○ DEC

1   2   3   4   5   6   7   8   9   10   11   12   13   14   15
16   17   18   19   20   21   22   23   24   25   26   27   29   30   31

— Today's thanks

☐

☐

☐

☐

☐

☐

☐

☐

☐

☐

☐

☐

— Motive of Thanks

— Matching of Bible verse

○   ○   ○   ○   ○   ○   ○   ○   ○   ○   ○   ○
JAN   FEB   MAR   APR   MAY   JUN   JUL   AUG   SEP   OCT   NOV   DEC

1   2   3   4   5   6   7   8   9   10   11   12   13   14   15
16   17   18   19   20   21   22   23   24   25   26   27   29   30   31

— Today's thanks

☐

☐

☐

☐

☐

☐

☐

☐

☐

☐

☐

☐

— Motive of Thanks

— Matching of Bible verse

— Today's thanks —

☐

☐

☐

☐

☐

☐

☐

☐

☐

☐

☐

☐

— Motive of Thanks —

— Matching of Bible verse —

○ JAN　○ FEB　○ MAR　○ APR　○ MAY　○ JUN　○ JUL　○ AUG　○ SEP　○ OCT　○ NOV　○ DEC

1 2 3 4 5 6 7 8 9 10 11 12 13 14 15
16 17 18 19 20 21 22 23 24 25 26 27 29 30 31

— Today's thanks

☐

☐

☐

☐

☐

☐

☐

☐

☐

☐

☐

☐

— Motive of Thanks

— Matching of Bible verse

○ JAN　○ FEB　○ MAR　○ APR　○ MAY　○ JUN　○ JUL　○ AUG　○ SEP　○ OCT　○ NOV　○ DEC

1　2　3　4　5　6　7　8　9　10　11　12　13　14　15
16　17　18　19　20　21　22　23　24　25　26　27　29　30　31

— Today's thanks

☐

☐

☐

☐

☐

☐

☐

☐

☐

☐

☐

☐

— Motive of Thanks

— Matching of Bible verse

— Today's thanks ——————————————————

☐

☐

☐

☐

☐

☐

☐

☐

☐

☐

☐

☐

— Motive of Thanks ——————————————————

— Matching of Bible verse ——————————————

○ JAN　○ FEB　○ MAR　○ APR　○ MAY　○ JUN　○ JUL　○ AUG　○ SEP　○ OCT　○ NOV　○ DEC

1　2　3　4　5　6　7　8　9　10　11　12　13　14　15
16　17　18　19　20　21　22　23　24　25　26　27　29　30　31

— Today's thanks

☐

☐

☐

☐

☐

☐

☐

☐

☐

☐

☐

☐

— Motive of Thanks

— Matching of Bible verse

○ JAN　　○ FEB　　○ MAR　　○ APR　　○ MAY　　○ JUN　　○ JUL　　○ AUG　　○ SEP　　○ OCT　　○ NOV　　○ DEC

1　2　3　4　5　6　7　8　9　10　11　12　13　14　15
16　17　18　19　20　21　22　23　24　25　26　27　29　30　31

— Today's thanks —

☐

☐

☐

☐

☐

☐

☐

☐

☐

☐

☐

☐

— Motive of Thanks —

— Matching of Bible verse —

○ JAN ○ FEB ○ MAR ○ APR ○ MAY ○ JUN ○ JUL ○ AUG ○ SEP ○ OCT ○ NOV ○ DEC

1 2 3 4 5 6 7 8 9 10 11 12 13 14 15
16 17 18 19 20 21 22 23 24 25 26 27 29 30 31

— Today's thanks —

☐

☐

☐

☐

☐

☐

☐

☐

☐

☐

☐

☐

— Motive of Thanks —

— Matching of Bible verse —

1 2 3 4 5 6 7 8 9 10 11 12 13 14 15
16 17 18 19 20 21 22 23 24 25 26 27 29 30 31

— Today's thanks —————————————————————————————

☐

☐

☐

☐

☐

☐

☐

☐

☐

☐

☐

— Motive of Thanks —————————————————————————————

— Matching of Bible verse —————————————————————

— Today's thanks —

☐

☐

☐

☐

☐

☐

☐

☐

☐

☐

☐

☐

— Motive of Thanks —

— Matching of Bible verse —

벗을 위하여
미안한것이
있다면
그처램는
감사하는
마음
이
옵니다

넬슨 만델라 전 남아프리카 대통령은 무려 27년 동안 감옥에서 지냈습니다.
46세부터 감옥생활을 했으니 인생의 3/1을 감옥에서 보낸 것이지요.
그가 70세가 넘어 출소하게 되자 전 세계의 각국의 기자들이 그를 기다렸습니다.
그가 너무나 건강하고 밝은 모습으로 나오자 한 기자가 이런 질문을 했습니다.

'다른 사람은 몇 년 만해도 힘든 감옥생활을 27년이나 하셨는데
어떻게 그리 밝고 건강하실 수 있습니까?'
만델라는 이렇게 대답합니다.
"나는 중노동을 나갈 때 넓은 자연으로 나간다는 즐거움에 몸은 힘들지만
일을 즐길 수 있었습니다. 하늘을 보고 감사했고 땅을 보고 감사했습니다.
남들은 감옥에서 분노와 좌절을 삭였지만 저는 마음을 내려놓고 용서를 했습니다.
물을 마시며 감사했고 음식을 먹으며 감사했습니다.
강제노동을 할 때도 감사했습니다.
그랬더니 세상의 모든 즐거움이 저를 감쌌습니다."

분노 대신 감사를 선택하는 순간 삶이 달라집니다.
오늘 주위의 모든 것으로부터 감사함을 찾아보세요.

만일
내가 감사함으로
참여하면
어찌하여
내가
감사하는것에대하여
비방을
받으리요

고린도전서 10장 30절

말할 수 없는
그의
은사로 인하여
하나님께
감사하노라

고린도후서 9장 15절

범사에 감사하라

이것이
그리스도 예수안에서
너희를 향하신
하나님의
뜻이니라

데모데전서 4장 4절

너희가
여호와께
감사제물을
드리려거든
너희가
기쁘게 받으심이 되도록
드릴지며

레위기 22장 29절

아무것도
염려하지말고
오직
모든일에
기도와간구로
너희구할것을
감사함으로
하나님께
아뢰라

그리하면
모든 지각에 뛰어나신
하나님의 평강이
너희 생각과 마음을 지키시리라

빌립보서 4장 6,7절

시편 106편 1절

주는
나의 하나님이시라
내가
주께 감사하리이다
주는
나의 하나님이시라
내가 주를
높이리이다

시편 118편 28절

아침과
저녁마다
서서
여호와께 감사하고
찬송하며

역대상 23장 30절

그리스도인에게
세 가지 덕으로 가르친
마음, 소망, 사랑 외에
하나를 더
넣어야 한다면
그것은
하나님께 대한

감사이라

○ JAN ○ FEB ○ MAR ○ APR ○ MAY ○ JUN ○ JUL ○ AUG ○ SEP ○ OCT ○ NOV ○ DEC

1 2 3 4 5 6 7 8 9 10 11 12 13 14 15
16 17 18 19 20 21 22 23 24 25 26 27 29 30 31

Today's thanks

☐

☐

☐

☐

☐

☐

☐

☐

☐

☐

☐

☐

— Motive of Thanks —

— Matching of Bible verse —

○ JAN　○ FEB　○ MAR　○ APR　○ MAY　○ JUN　○ JUL　○ AUG　○ SEP　○ OCT　○ NOV　○ DEC

1　2　3　4　5　6　7　8　9　10　11　12　13　14　15
16　17　18　19　20　21　22　23　24　25　26　27　29　30　31

— Today's thanks —

☐

☐

☐

☐

☐

☐

☐

☐

☐

☐

☐

☐

— Motive of Thanks —

— Matching of Bible verse —

Today's thanks

— Today's thanks ————————————————————————————

☐

☐

☐

☐

☐

☐

☐

☐

☐

☐

☐

☐

— Motive of Thanks ————————————————————————————

— Matching of Bible verse ————————————————————————————

JAN FEB MAR APR MAY JUN JUL AUG SEP OCT NOV DEC

1 2 3 4 5 6 7 8 9 10 11 12 13 14 15
16 17 18 19 20 21 22 23 24 25 26 27 29 30 31

— Today's thanks

☐

☐

☐

☐

☐

☐

☐

☐

☐

☐

☐

☐

— Motive of Thanks

— Matching of Bible verse

○ JAN　○ FEB　○ MAR　○ APR　○ MAY　○ JUN　○ JUL　○ AUG　○ SEP　○ OCT　○ NOV　○ DEC

1　2　3　4　5　6　7　8　9　10　11　12　13　14　15
16　17　18　19　20　21　22　23　24　25　26　27　29　30　31

Today's thanks

☐

☐

☐

☐

☐

☐

☐

☐

☐

☐

☐

☐

Motive of Thanks

Matching of Bible verse

— Today's thanks ———————————————————————————

☐

☐

☐

☐

☐

☐

☐

☐

☐

☐

☐

☐

— Motive of Thanks ———————————————————————————

— Matching of Bible verse ———————————————————————

JAN FEB MAR APR MAY JUN JUL AUG SEP OCT NOV DEC

1 2 3 4 5 6 7 8 9 10 11 12 13 14 15
16 17 18 19 20 21 22 23 24 25 26 27 29 30 31

— Today's thanks

☐

☐

☐

☐

☐

☐

☐

☐

☐

☐

☐

☐

— Motive of Thanks

— Matching of Bible verse

○ JAN　○ FEB　○ MAR　○ APR　○ MAY　○ JUN　○ JUL　○ AUG　○ SEP　○ OCT　○ NOV　○ DEC

1　2　3　4　5　6　7　8　9　10　11　12　13　14　15
16　17　18　19　20　21　22　23　24　25　26　27　29　30　31

— Today's thanks —

☐

☐

☐

☐

☐

☐

☐

☐

☐

☐

☐

☐

— Motive of Thanks —

— Matching of Bible verse —

O O O O O O O O O O O O
JAN FEB MAR APR MAY JUN JUL AUG SEP OCT NOV DEC

1 2 3 4 5 6 7 8 9 10 11 12 13 14 15
16 17 18 19 20 21 22 23 24 25 26 27 29 30 31

— Today's thanks ——————————————————————————————————

☐

☐

☐

☐

☐

☐

☐

☐

☐

☐

☐

☐

— Motive of Thanks ——————————————————————————————————

— Matching of Bible verse ——————————————————————————————

JAN　FEB　MAR　APR　MAY　JUN　JUL　AUG　SEP　OCT　NOV　DEC

1　2　3　4　5　6　7　8　9　10　11　12　13　14　15
16　17　18　19　20　21　22　23　24　25　26　27　29　30　31

— Today's thanks

☐

☐

☐

☐

☐

☐

☐

☐

☐

☐

☐

☐

— Motive of Thanks

— Matching of Bible verse

— Today's thanks

O JAN　O FEB　O MAR　O APR　O MAY　O JUN　O JUL　O AUG　O SEP　O OCT　O NOV　O DEC

1　2　3　4　5　6　7　8　9　10　11　12　13　14　15
16　17　18　19　20　21　22　23　24　25　26　27　29　30　31

— Today's thanks —————————————————————————————

☐

☐

☐

☐

☐

☐

☐

☐

☐

☐

☐

☐

— Motive of Thanks —————————————————————————————

— Matching of Bible verse —————————————————————————

— Today's thanks ——————————————————————————————————————

☐

☐

☐

☐

☐

☐

☐

☐

☐

☐

☐

☐

— Motive of Thanks ——————————————————————————————————————

— Matching of Bible verse ——————————————————————————————

○ JAN   ○ FEB   ○ MAR   ○ APR   ○ MAY   ○ JUN   ○ JUL   ○ AUG   ○ SEP   ○ OCT   ○ NOV   ○ DEC

1 2 3 4 5 6 7 8 9 10 11 12 13 14 15
16 17 18 19 20 21 22 23 24 25 26 27 29 30 31

—— Today's thanks ——————————————————————————————

☐

☐

☐

☐

☐

☐

☐

☐

☐

☐

☐

☐

—— Motive of Thanks ——————————————————————————————

—— Matching of Bible verse ——————————————————————————

O   O   O   O   O   O   O   O   O   O   O   O
JAN   FEB   MAR   APR   MAY   JUN   JUL   AUG   SEP   OCT   NOV   DEC

1   2   3   4   5   6   7   8   9   10   11   12   13   14   15
16   17   18   19   20   21   22   23   24   25   26   27   29   30   31

— Today's thanks

☐

☐

☐

☐

☐

☐

☐

☐

☐

☐

☐

☐

— Motive of Thanks

— Matching of Bible verse

— Today's thanks

☐

☐

☐

☐

☐

☐

☐

☐

☐

☐

☐

☐

— Motive of Thanks

— Matching of Bible verse

| ○ | ○ | ○ | ○ | ○ | ○ | ○ | ○ | ○ | ○ | ○ | ○ |
| JAN | FEB | MAR | APR | MAY | JUN | JUL | AUG | SEP | OCT | NOV | DEC |

1 2 3 4 5 6 7 8 9 10 11 12 13 14 15
16 17 18 19 20 21 22 23 24 25 26 27 29 30 31

— Today's thanks —————————————————————————————

☐

☐

☐

☐

☐

☐

☐

☐

☐

☐

☐

☐

— Motive of Thanks ————————————————————————————

— Matching of Bible verse ———————————————————————

O JAN　O FEB　O MAR　O APR　O MAY　O JUN　O JUL　O AUG　O SEP　O OCT　O NOV　O DEC

1 2 3 4 5 6 7 8 9 10 11 12 13 14 15
16 17 18 19 20 21 22 23 24 25 26 27 29 30 31

── Today's thanks ────────────────────────────────

☐

☐

☐

☐

☐

☐

☐

☐

☐

☐

☐

☐

── Motive of Thanks ──────────────────────────────

── Matching of Bible verse ───────────────────────

— Today's thanks ————————————————————————————————

☐

☐

☐

☐

☐

☐

☐

☐

☐

☐

☐

☐

— Motive of Thanks ————————————————————————————————

— Matching of Bible verse ————————————————————————————————

—Today's thanks —

☐

☐

☐

☐

☐

☐

☐

☐

☐

☐

☐

☐

— Motive of Thanks —

— Matching of Bible verse —

○ JAN　○ FEB　○ MAR　○ APR.　○ MAY　○ JUN　○ JUL　○ AUG　○ SEP　○ OCT　○ NOV　○ DEC

1　2　3　4　5　6　7　8　9　10　11　12　13　14　15
16　17　18　19　20　21　22　23　24　25　26　27　29　30　31

— Today's thanks

☐

☐

☐

☐

☐

☐

☐

☐

☐

☐

☐

— Motive of Thanks

— Matching of Bible verse

— Today's thanks

☐
☐
☐
☐
☐
☐
☐
☐
☐
☐
☐
☐

— Motive of Thanks

— Matching of Bible verse

○ JAN ○ FEB ○ MAR ○ APR ○ MAY ○ JUN ○ JUL ○ AUG ○ SEP ○ OCT ○ NOV ○ DEC

1 2 3 4 5 6 7 8 9 10 11 12 13 14 15
16 17 18 19 20 21 22 23 24 25 26 27 29 30 31

— Today's thanks —

☐

☐

☐

☐

☐

☐

☐

☐

☐

☐

☐

☐

— Motive of Thanks —

— Matching of Bible verse —

○ | ○ | ○ | ○ | ○ | ○ | ○ | ○ | ○ | ○ | ○ | ○
JAN FEB MAR APR MAY JUN JUL AUG SEP OCT NOV DEC

1 2 3 4 5 6 7 8 9 10 11 12 13 14 15
16 17 18 19 20 21 22 23 24 25 26 27 29 30 31

— Today's thanks —————————————————————————————

☐

☐

☐

☐

☐

☐

☐

☐

☐

☐

☐

☐

— Motive of Thanks —————————————————————————————

— Matching of Bible verse —————————————————————————

○ JAN ○ FEB ○ MAR .○ APR ○ MAY ○ JUN ○ JUL ○ AUG ○ SEP ○ OCT ○ NOV ○ DEC

1 2 3 4 5 6 7 8 9 10 11 12 13 14 15
16 17 18 19 20 21 22 23 24 25 26 27 29 30 31

— Today's thanks ———————————————————————————————

☐

☐

☐

☐

☐

☐

☐

☐

☐

☐

☐

☐

— Motive of Thanks ———————————————————————————————

— Matching of Bible verse ———————————————————————————

— Today's thanks ——————————————————————————————

☐

☐

☐

☐

☐

☐

☐

☐

☐

☐

☐

☐

— Motive of Thanks ——————————————————————————————

— Matching of Bible verse ——————————————————————————

○ JAN   ○ FEB   ○ MAR   ○ APR   ○ MAY   ○ JUN   ○ JUL   ○ AUG   ○ SEP   ○ OCT   ○ NOV   ○ DEC

1 2 3 4 5 6 7 8 9 10 11 12 13 14 15
16 17 18 19 20 21 22 23 24 25 26 27 29 30 31

— Today's thanks ————————————————————————————————

☐

☐

☐

☐

☐

☐

☐

☐

☐

☐

☐

☐

— Motive of Thanks ————————————————————————————————

— Matching of Bible verse ————————————————————————

O JAN   O FEB   O MAR   O APR   O MAY   O JUN   O JUL   O AUG   O SEP   O OCT   O NOV   O DEC

1 2 3 4 5 6 7 8 9 10 11 12 13 14 15
16 17 18 19 20 21 22 23 24 25 26 27 29 30 31

— Today's thanks ——————————————————————————

☐

☐

☐

☐

☐

☐

☐

☐

☐

☐

☐

☐

— Motive of Thanks ——————————————————————————

— Matching of Bible verse ——————————————————————

○ JAN ○ FEB ○ MAR ○ APR ○ MAY ○ JUN ○ JUL ○ AUG ○ SEP ○ OCT ○ NOV ○ DEC

1 2 3 4 5 6 7 8 9 10 11 12 13 14 15
16 17 18 19 20 21 22 23 24 25 26 27 29 30 31

— Today's thanks —————————————————————————————————

☐

☐

☐

☐

☐

☐

☐

☐

☐

☐

☐

☐

— Motive of Thanks —————————————————————————————————

— Matching of Bible verse ————————————————————————————

— Today's thanks

☐

☐

☐

☐

☐

☐

☐

☐

☐

☐

☐

☐

— Motive of Thanks

— Matching of Bible verse

— Today's thanks

○ JAN ○ FEB ○ MAR ○ APR ○ MAY ○ JUN ○ JUL ○ AUG ○ SEP ○ OCT ○ NOV ○ DEC

1 2 3 4 5 6 7 8 9 10 11 12 13 14 15
16 17 18 19 20 21 22 23 24 25 26 27 29 30 31

— Today's thanks ——————————————————————————————

☐

☐

☐

☐

☐

☐

☐

☐

☐

☐

☐

☐

— Motive of Thanks ——————————————————————————————

— Matching of Bible verse ——————————————————————————————

— Today's thanks ———————————————————————————

☐

☐

☐

☐

☐

☐

☐

☐

☐

☐

☐

☐

— Motive of Thanks ———————————————————————————

— Matching of Bible verse ———————————————————————

○ JAN ○ FEB ○ MAR ○ APR ○ MAY ○ JUN ○ JUL ○ AUG ○ SEP ○ OCT ○ NOV ○ DEC

1 2 3 4 5 6 7 8 9 10 11 12 13 14 15
16 17 18 19 20 21 22 23 24 25 26 27 29 30 31

— Today's thanks ——————————————————————————

☐

☐

☐

☐

☐

☐

☐

☐

☐

☐

☐

☐

— Motive of Thanks ——————————————————————————

— Matching of Bible verse ——————————————————————

| ○ | ○ | ○ | ○ | ○ | ○ | ○ | ○ | ○ | ○ | ○ | ○ |
| JAN | FEB | MAR | APR | MAY | JUN | JUL | AUG | SEP | OCT | NOV | DEC |

1   2   3   4   5   6   7   8   9   10   11   12   13   14   15

16   17   18   19   20   21   22   23   24   25   26   27   29   30   31

— Today's thanks

☐

☐

☐

☐

☐

☐

☐

☐

☐

☐

☐

☐

— Motive of Thanks

— Matching of Bible verse

— Today's thanks

- [ ]
- [ ]
- [ ]
- [ ]
- [ ]
- [ ]
- [ ]
- [ ]
- [ ]
- [ ]
- [ ]
- [ ]

— Motive of Thanks

— Matching of Bible verse

— Today's thanks

☐

☐

☐

☐

☐

☐

☐

☐

☐

☐

☐

☐

— Motive of Thanks

— Matching of Bible verse

— Today's thanks

- ☐
- ☐
- ☐
- ☐
- ☐
- ☐
- ☐
- ☐
- ☐
- ☐
- ☐
- ☐

— Motive of Thanks

— Matching of Bible verse

— Today's thanks

☐

☐

☐

☐

☐

☐

☐

☐

☐

☐

☐

☐

— Motive of Thanks

— Matching of Bible verse

○ JAN　○ FEB　○ MAR　○ APR　○ MAY　○ JUN　○ JUL　○ AUG　○ SEP　○ OCT　○ NOV　○ DEC

1　2　3　4　5　6　7　8　9　10　11　12　13　14　15
16　17　18　19　20　21　22　23　24　25　26　27　29　30　31

— Today's thanks —

☐

☐

☐

☐

☐

☐

☐

☐

☐

☐

☐

☐

— Motive of Thanks —

— Matching of Bible verse —

— Today's thanks ——————————————————

☐

☐

☐

☐

☐

☐

☐

☐

☐

☐

☐

☐

— Motive of Thanks ——————————————————

— Matching of Bible verse ——————————————————

O JAN O FEB O MAR O APR O MAY O JUN O JUL O AUG O SEP O OCT O NOV O DEC

1 2 3 4 5 6 7 8 9 10 11 12 13 14 15
16 17 18 19 20 21 22 23 24 25 26 27 29 30 31

—— Today's thanks ——————————————————————————————

☐

☐

☐

☐

☐

☐

☐

☐

☐

☐

☐

☐

—— Motive of Thanks ——————————————————————————————

—— Matching of Bible verse ——————————————————————————

○ JAN　○ FEB　○ MAR　○ APR　○ MAY　○ JUN　○ JUL　○ AUG　○ SEP　○ OCT　○ NOV　○ DEC

1　2　3　4　5　6　7　8　9　10　11　12　13　14　15
16　17　18　19　20　21　22　23　24　25　26　27　29　30　31

— Today's thanks —————————————————————————————

☐

☐

☐

☐

☐

☐

☐

☐

☐

☐

☐

☐

— Motive of Thanks —————————————————————————————

— Matching of Bible verse —————————————————————————

O   O   O   O   O   O   O   O   O   O   O   O
JAN   FEB   MAR   APR   MAY   JUN   JUL   AUG   SEP   OCT   NOV   DEC

1   2   3   4   .5   6   7   8   9   10   11   12   13   14   15
16   17   18   19   20   21   22   23   24   25   26   27   29   30   31

— Today's thanks ———————————————————————————————

☐

☐

☐

☐

☐

☐

☐

☐

☐

☐

☐

☐

— Motive of Thanks ———————————————————————————————

— Matching of Bible verse ———————————————————————————

1 2 3 4 5 6 7 8 9 10 11 12 13 14 15
16 17 18 19 20 21 22 23 24 25 26 27 29 30 31

— Today's thanks —————————————————————————————————

☐

☐

☐

☐

☐

☐

☐

☐

☐

☐

☐

☐

— Motive of Thanks ————————————————————————————————

— Matching of Bible verse —————————————————————————————

○ JAN　○ FEB　○ MAR　○ APR　○ MAY　○ JUN　○ JUL　○ AUG　○ SEP　○ OCT　○ NOV　○ DEC

1　2　3　4　5　6　7　8　9　10　11　12　13　14　15
16　17　18　19　20　21　22　23　24　25　26　27　29　30　31

─ Today's thanks ──────────────────────────────

☐

☐

☐

☐

☐

☐

☐

☐

☐

☐

☐

☐

─ Motive of Thanks ────────────────────────────

─ Matching of Bible verse ─────────────────────

○ JAN ○ FEB ○ MAR ○ APR ○ MAY ○ JUN ○ JUL ○ AUG ○ SEP ○ OCT ○ NOV ○ DEC

1 2 3 4 5 6 7 8 9 10 11 12 13 14 15
16 17 18 19 20 21 22 23 24 25 26 27 29 30 31

— Today's thanks

☐

☐

☐

☐

☐

☐

☐

☐

☐

☐

☐

☐

— Motive of Thanks

— Matching of Bible verse

○ JAN ○ FEB ○ MAR ○ APR ○ MAY ○ JUN ○ JUL ○ AUG ○ SEP ○ OCT ○ NOV ○ DEC

1 2 3 4 5 6 7 8 9 10 11 12 13 14 15
16 17 18 19 20 21 22 23 24 25 26 27 29 30 31

— Today's thanks —

☐

☐

☐

☐

☐

☐

☐

☐

☐

☐

☐

☐

— Motive of Thanks —

— Matching of Bible verse —

○ JAN   ○ FEB   ○ MAR   ○ APR   ○ MAY   ○ JUN   ○ JUL   ○ AUG   ○ SEP   ○ OCT   ○ NOV   ○ DEC

1 2 3 4 5 6 7 8 9 10 11 12 13 14 15
16 17 18 19 20 21 22 23 24 25 26 27 29 30 31

— Today's thanks —

☐

☐

☐

☐

☐

☐

☐

☐

☐

☐

☐

☐

— Motive of Thanks —

— Matching of Bible verse —

○	○	○	○	○	○	○	○	○	○	○	○
JAN	FEB	MAR	APR	MAY	JUN	JUL	AUG	SEP	OCT	NOV	DEC

1 2 3 4 5 6 7 8 9 10 11 12 13 14 15
16 17 18 19 20 21 22 23 24 25 26 27 29 30 31

── Today's thanks ──────────────────────────────

☐

☐

☐

☐

☐

☐

☐

☐

☐

☐

☐

☐

── Motive of Thanks ────────────────────────────

── Matching of Bible verse ─────────────────────

O JAN　O FEB　O MAR　O APR　O MAY　O JUN　O JUL　O AUG　O SEP　O OCT　O NOV　O DEC

1 2 3 4 5 6 7 8 9 10 11 12 13 14 15
16 17 18 19 20 21 22 23 24 25 26 27 29 30 31

— Today's thanks

☐

☐

☐

☐

☐

☐

☐

☐

☐

☐

☐

☐

— Motive of Thanks

— Matching of Bible verse

○ JAN　○ FEB　○ MAR　○ APR　○ MAY　○ JUN　○ JUL　○ AUG　○ SEP　○ OCT　○ NOV　○ DEC

1　2　3　4　5　6　7　8　9　10　11　12　13　14　15
16　17　18　19　20　21　22　23　24　25　26　27　29　30　31

— Today's thanks —————————————————————————————

☐

☐

☐

☐

☐

☐

☐

☐

☐

☐

☐

☐

— Motive of Thanks —————————————————————————————

— Matching of Bible verse —————————————————————————

1 2 3 4 5 6 7 8 9 10 11 12 13 14 15
16 17 18 19 20 21 22 23 24 25 26 27 29 30 31

— Today's thanks —————————————————————————————

☐

☐

☐

☐

☐

☐

☐

☐

☐

☐

☐

☐

— Motive of Thanks ——————————————————————————————

— Matching of Bible verse ————————————————————————

감사하다고 인사하는 것은
또 다시 받을 길을 열어 놓는 것이다